U0066711

你以為你是你

你以為你在這裡

你以為的一切

其實都以為著

這是下頁孤單的事情

前言

　　本書並非是一本提供知識的書籍，更準確的說法是，這並非一本書，而是登出開悟的引導，所以，整本書的內容布局完全是為了循序漸進、帶領各位進入最深層的生命本質而設計的。

　　「登出開悟」一詞，可能有許多讀者並不清楚，所以首先在此做個說明。

　　「開悟」一詞，源自於佛學名詞，意思是瞬間體悟到生命最原始的本質，它並

不是一種理解或認知，而是一種立即性的瞬間體會，就好像一個人掉到水中，瞬間體會到水的溫度、浮力以及水壓、皮膚的觸感等等，只是，開悟的體悟並非在感官上體會，而是我們的意識直接證入了意識的本質。

之所以在開悟前面加上「登出」一詞，是因為我們存在時，都是使用感官與信念來證明及認識我們存在的世界和我們自己，事實上感官接收到的只是一些訊號，而我們用我們的信念（認知）來對這些訊

號加以解釋而已。這種對世界與自己的認知就好像我們身處在一個夢境裡、一個遊戲裡，我們對夢中情境的解釋其實都只是幻覺，一切並未真實存在，又好像我們身處在一個虛擬實境的遊戲中，我們感官所見所聞只是一些虛擬的情境，事實上也並非真實存在。所以，我們使用「登出」這個詞來進一步讓我們理解「開悟」是什麼，開悟就像是從一個虛擬實境的線上遊戲裡登出、回到真實世界一般。

本書的整個引導設計，就是為了讓我

們能登出開悟、回到真實的實相。至於真實到底是什麼，我們並不需要用文字去詮釋，而是希望大家能親自去體悟。

大家在看這本書的時候，只需要完全將你的知識、思維、感官完全放下來，不要採取任何心態及預設立場來閱讀，只是完全單純地看書中的文字以及引導頁即可。而當你閱讀時，如有任何的體會與感受，都無需理會，只管閱讀。如果閱讀到某一頁，完全停住，就順其自然地、放鬆地停著，直到你又自動閱讀下去即可。

如果我們把這個虛幻的世界比喻成故事，本書的引導，便是在許多的頁面提供一個朝向離開故事的引力。世界上所有的書，都是提供進入故事的引力，而此書將是一本與世界所有書籍背道而馳的書。換個方式來說，世界上所有的人事物，都是提供進入故事的引力與場域，而這本書，是目前世界上首次提供登出開悟引力與場域的書。

　　你會發現，在許多的頁面，僅有少許的文字，甚至有的頁面完全沒有文字，但

如果你是由前面往後閱讀，你將會被文字
引導到一種沒有解釋、沒有意義而單純
存在的狀態，這時候，在空白的頁面裡，
正好埋藏了強大的空之場域，正好引領你
契入這種離於故事的空之場域而引發登出
開悟的可能性，這是此引導工具真正的作
用。所以，與其說這是一本書，不如將它
視為一個引導登出開悟的工具。

第一章 _

生命的秘密

我們從誕生之後，長大的過程常常會想到一個問題：生命到底是什麼？生命有著什麼意義？這個問題如果我們不搞清楚，我們在世界上的生存就彷彿失去了方向。

然而，隨著年紀成長，我們接受學校的教育，接受社會的薰陶，我們漸漸轉移了注意力，漸漸遺忘了這些最基本的問題，取而代之的，是以為生命的意義就是為了賺錢、為了繁衍後代、為了出人頭地等。等到我們從職場退休了，我們又開始找尋生命的意義、思考生命到底是什麼，直至老死方休。

這兩個關於生命的問題，通常不會有絕對的標準答案，只有相對的答案。例如，之於兒女，生命的使命與意義就是照顧他們、培育他們成材，直到他們完全獨立才能放手；之於公司，生命的意義就是要為公司創造更高的業績……等等。這些所有的答案，都是有一個對象來產生一個相對的答案，並非生命的本身所呈現的真正面貌以及意義。

　　真正生命的奧秘在於生命的本身，而並非生命中所出現的任何人事物與情境。換言之，要探究生命的奧秘，要從能覺察到萬事萬物的這個生命的源頭著手，而非被覺察的

所有現象。所以，我們之所以永遠無法知道生命到底是什麼，是因為我們永遠都只會習慣於注意所有能被我們覺察的對象。

關於登出開悟，曾經有許多人問過我相同或類似的問題，例如登出開悟能做什麼呢？能發財嗎？還是可以長生不老？的確都不能。就像我們睡著時正在做夢，從夢境中醒來並不能讓你回到夢境中發財或是長生不老。登出開悟並不能讓你在所身處的世界裡有任何改變，它關乎的只是「醒來」——從現在身處的夢境中醒來。我們現在正在做夢，這並非比喻，而是千真萬確的！而登出

開悟就是從夢境中醒來。

想要體悟真正的生命是什麼，唯有登出開悟、從現實的夢境中覺醒。醒來後，你才能明白生命到底是什麼、生命到底有何意義。而本書就是提供一條通往覺醒的道路。

真正的覺醒，不是我們產生了什麼能力，或是成為了什麼狀態，這些仍是夢境中的劇情，與醒來毫無關係。

第二章 _

登出開悟概述

我們現在所存在的世界及我們所認知到的自己，其實只是一個夢境，是相較於晚上睡眠時的夢境更真實的一個夢境，也可以說，睡眠時的夢境是夢中夢。

　　登出開悟的意思，其實就是從夢中醒來，回到真正的實相。然而，我們這個夢境，已經延續了無數輩子。我們數不盡的歲月裡，經歷著各種夢中情節，每一次經歷一個情節，我們就會加深對這個夢境的認同。我們在歲月的洗禮中堅固了我們的夢境，以至於完全陷落在夢境中無法自拔，永遠無法看清真相。

我們是否應該醒來？這完全沒有該與不該的問題，只是一個選擇。

如果我們做著美夢，又何必急著醒來呢？如果我們做著惡夢，我們是該將夢境轉變成美夢？還是該醒來呢？

登出開悟會讓我們短暫的醒來，有可能持續幾分鐘、一天、一週、一個月甚至更久。醒來後，我們仍然會回到夢境中，更精準地說，是夢境又會在我們意識裡開展。唯一不同的是，我們是清醒地做著夢，做著清明夢。我們既體會著真實的生命，又能看到

夢境中的一切，這時候我們完全不會再認同感官所接觸到的一切情境是真實的，我們深知那只不過是意識中的幻境。一切的情境，所見的世界、人事物等等，全部都只是存在於自己意識中的幻象而已。而這樣的信念不是根據任何知識、任何感官接觸後的認同，而是直接契入了生命的真相所體會與領悟到的。

第三章 _

登出開悟的原理

我們在夢境中、在故事中的整個運作模式，由三個部分所組成，分別是「覺察」、「信念」與「現象」。我們整個生命的運作，包括所謂的自我以及整個世界、整個宇宙所有的內容，就是這三個部分。

　　在這裡先針對這三個部分逐一地說明。

1.「覺察」

這是我們生命最基本的存在內容。覺察就是我們「能夠知道」的作用，也可以說是我們的「意識」，我們有意識才能存在，假使我們失去了意識、失去了能知能覺的作用，那我們就不存在了，我們不存在，那麼世界存不存在，對我們來說都已經毫無意義。

或許有人會認為，即使沒有了意識，世界仍然存在，但這完完全全只是猜測，我們並不知道當我們失去了意識後，世界是否存在？其實，一切都是存在於我們的意識中，

正如我之前所說，我們現在只是在做著一個逼真的夢境，整個可以感知的世界以及一切，都只是存在於我們的意識中，如果我們失去了意識，一切便不復存在。所以覺察（意識），是我們存在的基礎，是我們生命的基礎與本質。

2.「信念」

　　每當我們透過各種感官覺察到情境，例如我們看到飛機，我們就會使用信念，自然而然地對飛機的造型、存在的場合（例如天空）、形象細節、聲音等各種感官所得到的訊息，加以判斷、理解與分析，這些都是自動完成的。我們會按照所得到的信念架構給予結論，例如得到這是一台飛機及什麼機型的結論，得到結論後，我們會繼續將自我與這個結論產生關聯性，例如我好像很久沒去旅行、我很怕飛機起降的感覺等等，從而產生了情感、感受。

我們就是像這樣使用信念，來勾畫出我們整個存在的架構，自我及世界就因此而開展出來。沒有信念，任何感官所接觸到的情境都將失去作用，也毫無意義。

　　在這個虛擬實境的夢境中，所有情境的呈現，都是信念投射在意識的反饋機制上而產生的。意識就像是螢幕一樣，當接受到信念的訊號之後，會按照情感的強度（訊號強度），而展現較大規模或是較小規模的情境。

3.「現象」

　　我們能用五種感官接收到的五種訊號都是「現象」。所有接觸到的一切並不是真的外在有所謂的物質世界存在，存在的只是訊號而已，你所見所聞都在意識之內，實相從來就是如此。

　　現象是我們無意間用信念投射在意識所幻化的感官訊號。為什麼用「無意間」這個詞而不是有意呢？因為當我們接觸現象的一瞬間，我們會以當前感官接觸的現象自動去比對記憶庫裡過去儲存的資料，而得出一個對現象的解釋，這幾乎是瞬間完

成的，速度相當地快。我們得到解釋之後，就會因這個解釋而產生對該現象的感受，而感受就是推動信念投射下一次現象的燃料，如此我們又在意識中投射出現象的種子，待未來在一個成熟的時刻發芽而顯現出一個完整的現象（情境）。

我們瞭解了覺察、信念與現象，以及它們相互的關係後，就明白了我們每天生活的整個世界與宇宙，事實上只是一個自編自導的夢境，且完全存在於自己的意識中，那麼，所謂的登出開悟，就是從這個自編自導的夢境中醒來。

由於信念顯化成現象的流程是由無數的信念堆疊在一起而顯化出來的，所以它完全沒有縫隙，整個過程一直延續著，毫無破綻與缺口。要如何從這個完全毫無出口的夢境裡醒過來呢？我們必須製造缺口。

我們來看一次你是如何創造你的世界。
這個過程就是：現象→信念→現象

這個循環讓我們不斷地迷失在夢境中而不自知，不是只有這一輩子，而是生生世世，永恆不斷。我們要從這個永不止息的循環中解脫出來，必然要從這個循環的某一個環節中著手，只要中斷了這個循環，哪怕是短暫的時間，我們就有機會完全從夢中醒來，從累世以來的死循環中解脫出來，回到無邊無際的覺察大海。

　　這兩個環環相扣的流程，它們是相互依存的，想要中斷這個循環，就要停止其中一個環節。我們來探討一下從這兩個環節著手有何不同？

首先，我們試著將「信念」拿掉。但信念完全是自動生成的，而且生成速度極快，幾乎不到千分之一秒，我們無法在它要生成之前阻止它，因為速度太快了，我們根本抓不到它生成的時刻。

　　那若是從「現象」著手呢？現象是我們感官所接觸的訊號，所以我們是不是能藉由關閉感官，來阻斷訊號的接收？例如藉由閉上眼睛來阻斷視覺訊號；藉由關在靜室，來阻斷聽覺訊號；藉由盤腿不動，來阻斷觸覺訊號……等。

各位看到這裡就會想到，或許靜坐是一個可行的方法，當我們在一個靜室或山洞裡長時間靜坐、離開感官的訊號，就能夠登出開悟。這種方式的確有可能達成，但是卻不易成功，或需要較久的時間，才有登出開悟的機會。原因是，我們所能感知的訊號不僅僅是外在的視覺、聽覺、嗅覺、味覺、觸覺這五種訊號，意念也是一種訊號。意念就包括很多不同的內在訊號，如內在的嗅覺、味覺、觸覺等等，除此之外還有一些內在的情境，這些情境較細微，是通常在打坐時發生的狀態，或稱為境界。我們有這麼多種訊號

存在，所以要阻斷或關閉現象而登出開悟，並非一件容易的事情。

其實換個方式來說，即使你從阻斷現象達到目的與成效，也並非真的來自你阻斷了現象而達成的，而是你對現象的「信念」消失了而跳出創造世界的循環。追根究柢，真正能跳出這個循環的環節仍是「信念」，只要在某一個當下信念消失了，這個創造世界的循環就斷掉了，就等於打開了一道進入真實的大門，讓我們堂而皇之大步邁入那無邊無際的真實裡。

既然「信念」是我們欲登出開悟所要處理的根源，但信念又以超越我們能發現它的速度浮現與消失，那麼該如何達成呢？首先，我們知道了信念就是我們對現象的解釋，那麼，要讓信念消失，就是對當下現象沒有了解釋，如此就可以自然而然地登出開悟了。這就是千百年來，從古至今諸多聖人使用的唯一祕法。這個方法在古代都是秘而不宣，而且被視為至高無上的，到了現代靈性知識氾濫的時代，更像是海底撈針，難以辨認與尋獲。

　　本書就是為了要引導各位達成信念的消

失而設計的引導書，接下來就為各位說明實現的原理。

　　對於要對當下的現象沒有解釋，本書採取了文字的引導。各種不同的感官都可以作為引導的媒介，而文字引導屬於視覺加意念的引導。當我們用視覺專注地看著文字時，透過文字中的涵義，可將我們的思維引導到越來越沒有信念的狀態。最後，我會將空的引力置入我所設計的頁面中，讓頁面呈現空的引力場，吸引我們進入沒有信念的空裡，而達成登出開悟的成果。

在這裡對空的引力場略作說明。空的引力場，並非什麼神奇玄妙、不可思議的東西，我們知道萬物皆有其力場，萬物皆有能量，在物質世界中、在這個夢境裡，一切皆由信念所形成，信念即是帶著訊息的能量。而空的引力場，就是反信念、反訊息的場域，簡單地說，所有的訊息都是我們進入這個夢境的引力能量，而空的引力場就是讓我們回到沒有訊息、夢境外的引力能量場域。

第四章 _

準備工作(前行)

登出開悟的環境不限任何地方。我們或許曾經聽說過許多聖者去到山洞中、高山上遠離人群苦修的故事，但各位只要明白登出開悟的原理，便了解只要我們能讓對當下情境的解釋停下或是脫落，我們在任何地方都可以來使用本書登出開悟，只需要一個能讓自己專心閱覽本書的地方就可以了。

　　如果你容易受到環境干擾而分心，你可以選擇一個較為僻靜而不受打擾之處。若你在任何環境下都能專心地閱讀，也可以將本書帶到任何地方閱讀。但是，在此還是給大家一個建議，由於登出開悟時會完全無法

移動，因為你會暫時對當下情境沒有任何解釋，而暫停任何的行動，所以建議大家還是選擇一個安全的地方來進行，例如你自己的家中、臥房等等，都是較為適合的地方。

另外需要說明的是，登出開悟後，我們進入暫時無法行動的狀態，但一段時間後，就會重新感知到世界中的一切而恢復我們正常的狀態，這段時間會有多久因人而異，有的人幾分鐘，有的人幾個小時，但一切都會是安全的，你的生命軌跡會為你導航，會讓你在安全的狀態下完成這趟旅程，一切都將會是最好的安排，並不會有任何的危險。

另外建議你可以放置一些水以及簡單不會腐壞的食物在你的身旁，或手可以直接拿取的地方。假如你登出開悟了，但是已經稍微感知這個世界、可以做簡單的動作，但是你又不想馬上完全回復到這個故事裡，你可以直接拿取食物與飲用水來使用，使用後，再繼續安住在空裡。因為登出開悟後，即使你稍微感知到世界，你也許完全不想離開空的美妙，你很有可能會想要繼續停止一切的信念而待在空裡。

　　如果允許的話，你可以請一位親友在旁邊照顧你，但如果不方便，也不必擔心，不會有任何不安全的問題發生。

第五章 _

放鬆引導

接下來

我們就正式來為大家進行登出開悟的引導。

要讓信念脫落，首先我們要放鬆我們的身心。

緊繃的身心

就是因為我們對身心有抓取的信念。

放鬆身心

可以讓我們放下對身體與頭腦的信念。

首先，我們舒服地坐著，坐姿儘量輕鬆自在。

坐好後，沉澱一下我們的身心。

安靜而放鬆地待一兩分鐘，再繼續閱讀。

由這章開始

請慢慢地閱讀，慢慢地閱讀。

現在請各位想像

　　　　　你所有的肌肉

　　　　　　　所有的神經全都放鬆了。

做深呼吸三次。

隨著每一次的呼吸，想像全身都更加地放鬆了。

　　　　吸氣、吐氣

　　　　　　　吸氣、吐氣

　　　　　　　　　　吸氣、吐氣

你感覺到非常、非常地放鬆了。

現在，從頭頂到腳底，放鬆所有的肌肉。

　放鬆你頭部的肌肉

　　放鬆你的前額

　　　放鬆你的眉尾

　　　　放鬆你眼睛四周。

放鬆你的臉頰

放鬆你的嘴巴

放鬆你嘴唇附近周圍的肌肉

放鬆你的下巴

放鬆你的下顎

使嘴內上下的牙齒分離，沒有咬合。
讓所有的臉部肌肉全都放鬆。

放鬆你的後腦肌肉

放鬆你的頸部

放鬆你的頸部前面、你的頸部背面。

放鬆你的肩膀
感覺你的肩膀完全沒有施力與緊繃

感覺非常舒服、非常地輕鬆。

現在，放鬆你的雙手

放鬆你的上手臂

放鬆你的下手臂

放鬆你的手腕

放鬆手掌

放鬆每一根手指頭

想像你的手變得沉重，放鬆而無力
像一條濕毛巾一樣，垂放在大腿上。

讓你自己很舒適地呼吸。

感覺你的呼吸

感覺呼吸的律動

感覺你的胸腔和橫膈膜的擴張、收縮。

讓你胸部的肌肉完全放鬆。

放鬆你的腹部。

你的腹部也完全放鬆了。

現在，放鬆你的背部

由上而下放鬆。

沿著大椎到臀部

再往下放鬆到大腿。

放鬆你的膝蓋

放鬆你的小腿

放鬆你的腳底

放鬆你的腳趾

讓所有的肌肉完全地放鬆。

你開始進入很深的放鬆狀態。

現在，放鬆你的任何思考與分析。

任何的思緒，我們不必阻擋它

　　　　輕鬆地讓它飄過我們的腦海。

隨著我們的放鬆，思想會越來越少
　　　　思緒感覺越來越薄

　　　　快要找不到腦中任何的聲音了。

　　　身 心 一 起 放 鬆 並 合 而 為 一 。

你感覺非常好

覺得身體變得很輕

感覺像是浮在椅子上。

若是你覺得很重

你就會覺得像陷入椅子一樣。

我們已經徹底地放鬆了。

第六章 _

登出開悟引導

接下來，我們開始正式進行登出開悟引導。

請你輕鬆地閱讀以下文字

完全不要管文字在寫什麼、表達什麼。

　　只管閱讀，輕鬆地閱讀

　　　　緩慢地閱讀，無心地閱讀。

閱讀到空白的地方，就停下來

　　　　完全沉浸在空白頁面。

每一個空白的地方，都帶有空的引力場

　　　　讓空的引力場完全淹沒你

直到你想繼續閱讀下一頁

你再繼續閱讀下一頁。

你感受到，這本書有強大的引力將你拉進空裡

不用懷疑

不必疑惑

不必驚慌

這正是本書的作用。

如果你看完整本書而毫無感覺，不必氣餒

那只是你還沒有契入此書的軌道

就像是收音機沒有對到電台的頻率一樣。

你可以休息一兩天再進行閱讀

只要你持續下去

就會在某個當下

契入本書的空引力場。

從這裡開始就是正式的引導，請開始接受引導：

我們從出生以來

就不斷接收著許許多多的信念

這些信念一直不停地輸入到我們的意識中

我們不斷地儲存、儲存

每當我們遇到相關的情境

又會拿出來比對而得出結論

結論又存回我們的意識中，如此不斷地循環著。

我們在這輩子中

一直活到現在

終於有機會停下這個循環

　　　　　　從信念的夢境中走出來。

我們有機會按下暫停鍵，讓信念暫停

我們就可以真真實實地

　　親見信念背後的生命本身

　　　親見我們從來沒有見過的本來面目。

在這個當下

　　我們來

　　　　按下

　　　　　暫停鍵

　　　　在此時此刻

　　　　就在現在

　　　　是的！

　　　　就是現在

　　整個生命除了現在當下這一刻

　　　　沒有別的了

而當下這一刻

除了生命本身，也沒有別的了

就只有

當下

當下

空

沒有內容

在這裡，我們可以完全放下一切

按下暫停鍵

暫停

時間是一種幻象

事實上

我們只有永恆地覺察著眼前的事物

任何情境都只在此時此刻、在這個當下

覺察著、解釋著。

永遠、永遠

只有

當下這一刻

就只在

此時

此刻

事實上

沒有過去

沒有未來

沒有剛才

連此刻

也沒有

什麼都沒有

沒有

絕對沒有

一切

都

沒有

沒有

連沒有

也

沒有

你看到此頁以前，一切並不存在

你看到此頁以後，一切並不存在

你看到此頁的此刻，一切並不存在

空間並不存在。

我們事實上正在我們的意識裡

在 夢 裡 。

我們眼見的空間，並不存在。

一切只是夢境

幻覺而已

投射而已

你所以為的而已。

我們來看看夢境以外。

往下看看夢境以外

看吧！

請聽聽外面的聲音。

許許多多的聲音，各種的聲音
我們之所以能辨別是什麼聲音
只是因為我們升起了信念。

其實，聲音就是聲音
沒有什麼聲音用信念去解讀才能成立

都只是幻象。

各種聲音是幻象

我們再試著聽聽，是不是只有聲音

只是聲音，只是聲音

只 是 聲 音

然而，聲音也是一個信念

其實什麼都不是，什麼也沒有。

我們再聽聽　　有

但什麼也不是

再聽

沒有了

聽覺只不過是用信念建立出來的

實際上只是幻覺

實際上

什麼都沒有
什麼都沒有

沒有

注意你的呼吸。

注意著吸氣

注意著吐氣

持續注意吸氣與吐氣。

注意吸氣

注意吐氣

吸氣

吐氣

在這裡開始

置入了越來越強的空的引力場域

請細細地感覺它。

越來越強

越來越強

把登出開悟也放下吧！

沒有任何可以抓住的東西了

一切都歸於零！

在此當下

放下一切

放下

放下

放下

你感知到的一切
都只是你自己而已
因為一切只在你意識當中。

細細品嘗一切都是一體的感覺

放鬆來感覺

一 體

一體了
一切與我沒有分別

無 二

在這裡，是的！

你在這裡，而不是在任何地方
而只是在這裡。

你在你的中心覺察著
也不是覺察著什麼，而是覺察著

你在，而你覺察著。

這就是真相，你就是覺察本身
你就是存在本身，你什麼都不是

只是存在

存在與覺察，一體兩面
是你的總和
也是你的世界的總和。

存在　沒有內容

覺察　沒有內容

只有單純的

在

單純的

覺

第七章 _

日常生活之引導

我們經過了空的洗禮，感受到空空盪盪的覺察，這種空空的卻又非常清楚明白、明明朗朗的感覺，好像萬里無雲的晴空一般，這就是我們赤裸裸的生命本質。我們要牢牢記住這個覺受，把覺察帶進我們生活的分分秒秒。

我們只要帶著覺察活，就不會完全迷失在人生虛幻的夢境裡，因為我們會先看到空，再看到人生夢境，這樣就是在做著清明夢。

這樣的好處是什麼？我們成為了看電影的人，而非以為自己是電影裡的那個角色；我們會活得很自在，不會被夢境牽著走。而隨著我們不斷帶著覺察生活，我們的覺察也會越來越明顯與越來越深，我們就有很多的機會登出開悟。

相信大家經過本書實際的引導，即使沒有登出開悟，也能完全明白空空盪盪的覺察是什麼，當我們安住在覺察時，我們就能先覺察到空（好比電影銀幕以外的區域），再覺察到現象（電影銀幕裡的景象）。對於還不習慣長時間安住在覺察上來過生活者，我建議大家可以建立許多提醒自己安住在覺察的提醒物件，每當我們注意到這些物件時，就能提醒自己安住在覺察。

你也可以利用本書所贈送的「覺察貼紙」，每一張覺察貼紙都裝載著滿滿空的場域，藉由使用它們，一來可以提醒自己立刻安住在覺察，二來也可以感受到空的引力，而能安住在更深層的覺察上。

現在，我也引導大家嘗試安住在覺察上來進行生活。

當我們看到接下來的文字，

我們就會自然而然地安住在空空蕩蕩的覺察上：

你

已經安住在覺察上了

完全沒有內容的覺察

空無一物的覺察

放下所有的信念

放下

你已經空了

你感覺到非常強烈的空

繼續空著

空

現在，我們慢慢地站起來。

繼續帶著空空盪盪的覺察，我們開始往前走
放鬆地走著，慢慢地走著，覺察到你正在走著

繼續走著，我們既安住在覺察，
也輕鬆地走著，兩者絲毫不會彼此干擾。

就這樣繼續走一段時間，再往下看。

我們可以輕鬆地帶著穩穩的覺察來進行走路

同樣地

我們也可以輕鬆地帶著覺察

來進行生活中的任何事情。

請記住這個感覺

將它帶進生活裡

結語

　　在我們生活中，所有的人事物，都會
將我們拉進故事裡、夢境裡，讓我們越陷
越深。我們聽了許多道理，或是看了有關
登出開悟的影片，我們得到了一些提醒，
但仍很容易因為生活中許許多多鋪天蓋地
的生活情節，將我們淹沒，而很難在生活
中得到些許的空隙讓我們有離開故事的機
會。這本書不僅提供了一些提醒，讓我們
常常記得安住在覺察上，而且許多的頁面
都提供了空的引力場，並且是經過嚴謹的

設計，循序漸進地將置入的空引力場用漩渦式的方式在頁面中配置，希望讓閱讀者能被帶入生命的本質裡，進而登出開悟證入實相，從這個虛幻的夢境中覺醒過來。

在本書的最後，想跟各位說，夢境始終是夢境，再美好、再痛苦，始終是夢境，我們總有一天會清醒，是不是急於一時要覺醒過來，都不是問題，但有一點可以肯定的是，不論你是否要醒來，以清明夢的形式存在於夢境中，會是最有利於夢境的，我們會擁有更多駕馭夢境的能力，而且也比較能離開痛苦，因為我們體悟到我

們只是看電影的人，而非其中的主角。

　　練習登出開悟，就是讓你有機會體悟這種觀察者的視角。看電影的人，有能力繼續看電影，也有能力拍拍屁股走出電影院，你不再是人生裡那個被牽線的木偶，你既是導演也是演員，你的人生會徹底地改變，你會成為自己生命的主宰。

終點系統官網　https://www.ultipoint.com

 自由終點系統　Podcast
https://sndn.link/ultipoint_freedom

自由終點系統　Facebook粉絲專頁
https://www.facebook.com/profile.php?id=61561070203166

 自由終點系統　YouTube頻道
https://www.youtube.com/channel/UC6qmCYCPuEo4Cj-HGL98tPQ

自由終點系統　Instagram
https://www.instagram.com/ultipoint_freedom

 自由終點系統　LINE@官方帳號
https://lin.ee/IwHLh9z

圓滿終點系統　Podcast
https://sndn.link/ultipoint_fulfillment

 圓滿終點系統　Facebook粉絲專頁
https://www.facebook.com/profile.php?id=61561096633134

圓滿終點系統　YouTube頻道
https://www.youtube.com/channel/UCrky1QDRFIRuiuBzplutynw

 圓滿終點系統　Instagram
https://www.instagram.com/ultipoint_fulfillment

圓滿終點系統　LINE@官方帳號
https://lin.ee/cGYkVH6

作　　　者	莫子	
責任編輯	周穎君	
企劃統籌	黃郁凱	
美術設計	洪于婷	
法律顧問	高綺	
發 行 人	莫子	
出　　　版	紫焰出版有限公司	
地　　　址	新北市三峽區學成路 313 號 3 樓之 3	
電　　　話	0800-722-222	
傳　　　真	(02)2502-0022	
總 經 銷	大和書報圖書股份有限公司	
印　　　刷	鴻嘉彩藝印刷股份有限公司	

定　　　價	新台幣 380 元
初版七刷	2024 年 07 月
Ｉ Ｓ Ｂ Ｎ	9786269863303

國家圖書館出版品預行編目 (CIP) 資料

空白鍵 = Space bar / 莫子作 . -- 初版 .
-- 新北市：紫焰出版有限公司 , 2024.07
　面；　公分
ISBN 978-626-98633-0-3(平裝)
1.CST: 靈修

192.1　　　　　　　　　113006264